Nant Gwrtheyrn

Nant
Gwrtheyrn

Carl Clowes

yLolfa

Cyflwynedig

I bawb sydd wedi gweithredu
er mwyn sicrhau dyfodol creadigol
i Nant Gwrtheyrn

Argraffiad cyntaf: 2004
© Hawlfraint Carl Clowes a'r Lolfa Cyf., 2004

Cynllun y clawr: Robat Gruffudd

Rhif Llyfr Rhyngwladol: 0 86243 728 8

Cyhoeddwyd, argraffwyd a rhwymwyd yng Nghymru
gan Y Lolfa Cyf., Talybont, Ceredigion SY24 5AP
e-bost ylolfa@ylolfa.com
gwefan ylolfa.com
ffôn (01970) 832 304
ffacs 832 782

CYNNWYS

CYDNABYDDIAETH

Mae llunio cyfrol fel hon yn fraint ond mae wedi creu un broblem anferthol imi – sut a ble i dynnu'r llinell derfyn ar y diolchiadau? Oherwydd natur y 'Nant' a'r holl weithgarwch a chefnogaeth a gafwyd i wireddu'r freuddwyd, byddai'r rhestr yn ddiddiwedd pe bawn yn cydnabod pawb yn bersonol.

Gobeithio y caf faddeuant felly am gyfyngu fy ngwerthfawrogiad i eiriau digon cyffredinol, ond diffuant iawn serch hynny, drwy ddiolch i bawb a fu'n gefn imi yn bersonol drwy gydol y chwarter canrif ddiwetha wrth anelu at y nod. Diolch i'r holl ymdrechion gwirfoddol – yr ymddiriedolwyr, y sawl oedd yn hel arian, a'r tiwtoriaid ar y cychwyn. Diolch i'r cyrff cyhoeddus, cwmnïau preifat ac unigolion sydd wedi parhau yn llawn ffydd drwy gydol y blynyddoedd ac, wrth gwrs, diolch i holl ymdrechion y staff a'r contractwyr sydd wedi gwneud y cyfan yn bosib ac sydd wedi gwasanaethu yn ôl arweiniad, ac yn wir hyd yn oed fympwy, yr ymddiriedolwyr ar adegau!

Yn benodol, ar gyfer y gyfrol hon, a gaf i ddiolch i'r Lolfa am y cyfle i groniclo rhywfaint o hanes un o'r llefydd mwya difyr yng Nghymru a'i gyfraniad at adfer buddiannau ein hiaith genedlaethol. Diolch yn arbennig i Lefi Gruffudd ac Alun Jones am eu harweiniad drwy gydol y profiad, i Ioan Mai Evans am ei gyngor gwerthfawr, ac i Eleri Williams yn y Nant am ei gwaith ymchwil ar fy rhan, ac i Elen Rhys a'r diweddar Athro Bedwyr Lewis Jones am eu deunydd hanesyddol yn y daflen *Nant Gwrtheyrn: yr Hanes a'r Stori*.

Yn ola, diolch am yr ysbrydoliaeth a'r nerth dw i wedi bod yn ddigon ffodus i'w gael yn ystod y fenter o ddatblygu'r Nant.

CYFLWYNIAD

Beth yw'r ots gen i am Nant Gwrtheyrn?

Yn Nant Gwrtheyrn cawn yn gryno ddarlun o Gymru: ei chefndir amaethyddol; dyfodiad diwydiant trwm, chwedlau di-ri, amgylchedd heb ei fath, mewnlifiad o estroniaid, a dylanwad yr iaith Gymraeg. Popeth mewn gwirionedd sydd yn gwneud Cymru yn wlad ddifyr i fyw ynddi ar ddechrau'r ail Fileniwm.

Y mae ots, llawer o ots, gen i, fel cymaint o bobl eraill am y Nant ac felly, yn y gyfrol hon, cewch gyfle i flasu rhai o'r nodweddion hynny sydd yn gwneud cwm Nant Gwrtheyrn – neu'r 'Nant' fel y caiff ei adnabod ar lafar gwlad – yn lle mor arbennig. Yn amlwg yn yr ardal y mae olion yr Oes Haearn, dylanwadau amlwg y Rhufeiniaid ac ymsefydlu Brenin Gwrtheyrn sydd yn brawf bod hanes toreithiog i'r cwm. Adeiladwyd y tai ym Mhorth y Nant, sef y pentref yng ngwaelod y cwm, yn y 19eg ganrif i ddiwallu anghenion gweithwyr y chwarel gerllaw. Roedd y chwarel yn darparu gwenithfaen i'w ddefnyddio ar gyfer adeiladu ffyrdd a phalmentydd yn rhai o ddinasoedd mwya gwledydd Prydain. Yn fwy diweddar, cafodd pentref Porth y Nant ei gydnabod a'i gofrestru gan Cadw oherwydd ei fod yn enghraifft flaengar o nodweddion ei gyfnod.

Daeth tro ar fyd rhwng y ddau Ryfel Byd wrth i'r galw am y cerrig leihau ac wrth i darmacadam gael ei ddefnyddio i adeiladu ffyrdd mwy addas i'r car modur. O ganlyniad, o un i un, gadawodd y teuluoedd y Nant ac erbyn 1959 roedd y pentref yn wag.

Yn 1978, prynwyd Porth y Nant, a oedd wedi dadfeilio erbyn hynny, gan Ymddiriedolaeth Nant Gwrtheyrn a thros gyfnod o flynyddoedd,

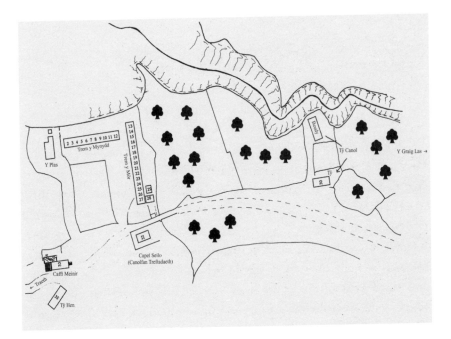

Y Nant heddiw

Y pentre gynt

cafodd y pentref ei achub a'r tai eu datblygu fel canolfan ar gyfer dysgu'r Gymraeg. Wrth wneud hynny crëwyd un o storïau mwya cyffrous a rhamantus yr 20fed ganrif yng Nghymru gyda'r genedl gyfan yn uno y tu ôl i'r nod o greu'r trysor sydd i'w weld yn y Nant heddiw.

I blant Cymru, mae'r Nant yn enwog am ei chwedlau. Oes cwm yng Nghymru gyfan sydd mor doreithiog mewn chwedlau? Ystyriwch: Rhys a Meinir; Melltith y Tri Mynach; Elis Bach; Y Jyrman Sbei; yr Eryr a'r Baban – heb sôn am Gastell Gwrtheyrn a'r nofel adnabyddus *Luned Bengoch*. Ychwanegodd hyn at awyrgylch a rhamant yr ardal i blant o bob oed.

Prin bod unlle arall yng Nghymru lle mae cyfuniad o dir, môr a mynydd mor glwm wrth ei gilydd. Llwydda agosatrwydd y tri i greu awyrgylch arbennig o fewn y cwm, ond yn ogystal mae'n sicrhau amgylchedd addas ar gyfer amrywiaeth eang o anifeiliaid gwyllt, adar prin, planhigion a blodau anghyffredin. Cafodd darnau helaeth o'r ardal yn y cyffiniau eu dynodi yn Ardal o Ddiddordeb Gwyddonol Arbennig.

Erbyn hyn cafodd rhyw 25,000 o bobl gyfle i aros yn y pentref a chael eu cyflwyno i'r iaith a'r diwylliant Gymraeg. Llwyddodd niferoedd i groesi'r bont a dod yn rhugl yn yr iaith. Drwy gydweithrediad clos rhwng y sectorau gwirfoddol, y sectorau cyhoeddus a phreifat llwyddwyd i gyrraedd y nod.

Ar yr un pryd, mae'r modd yr ymrwymodd yr ymddiriedolwyr i sicrhau bod yr amgylchedd yn cwmpasu, nid yn unig y ffisegol, ond hefyd yr ieithyddol, yr economaidd a'r cymdeithasol wedi hen ennill ei blwy yma. Llwyddwyd i ennill gwobrau ar lefel Brydeinig o ganlyniad i'r weledigaeth gynhwysol.

Yn y gyfrol hon, cewch flas ar y gorffennol yn ogystal â gwerthfawrogiad dyfnach o nodweddion y Nant heddiw. Mae llawer wedi ei gyflawni yn Nant Gwrtheyrn eisoes ond mae llawer o gyfleon eraill yn disgwyl yn eiddgar i gael eu gwireddu!

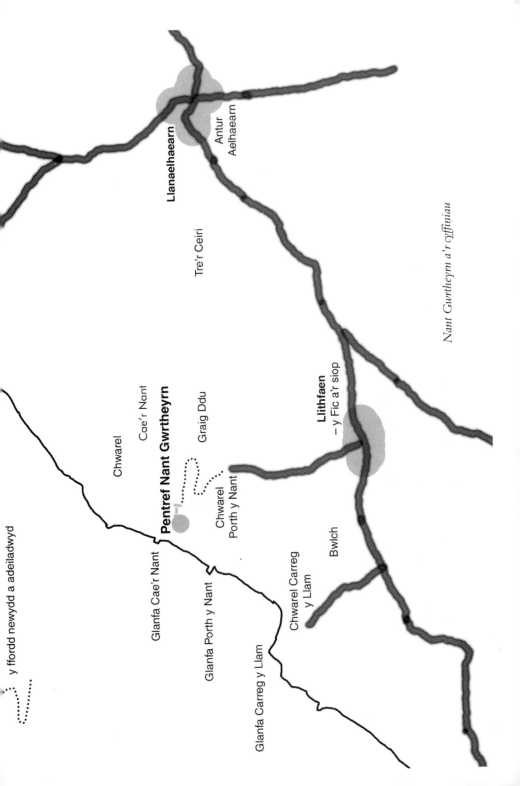

y ffordd newydd a adeiladwyd

Glanfa Carreg y Llam

Glanfa Porth y Nant

Glanfa Cae'r Nant

Chwarel

Cae'r Nant

Pentref Nant Gwrtheyrn

Chwarel
Porth y Nant

Graig Ddu

Chwarel Carreg
y Llam

Bwlch

Tre'r Ceiri

Llithfaen
– y Fic a'r siop

Llanaelhaearn

Antur
Aelhaearn

Nant Gwrtheyrn a'r cyffiniau

1. Hanes Cynnar Nant Gwrtheyrn

Er mai amaethyddiaeth yw nodwedd amlycaf ardal y Nant heddiw, mae mwynau Bro'r Eifl wedi dylanwadu'n drwm ar allu cymdeithas i oroesi yn yr ardal hon ar hyd y canrifoedd.

Yn ogystal â gwenithfaen, mae haearn a manganis i'w cael yn y mynydd ac wedi cynnal gwahanol drigolion ar hyd y canrifoedd. Roedd yr haearn yn ffynhonnell bwysig ar gyfer creu arfau i'r brenhinoedd gogyfer â rhyfela yng nghyfnod yr Oes Haearn ac mae tystiolaeth bod rhwydwaith o ffyrdd wedi eu hadeiladu i gludo'r haearn o'r ardal i'r Canolbarth a thu hwnt o gwmpas y 4edd ganrif. Hyd yn oed yn y Mabinogion, ceir hanes Elen, cariad Macsen Wledig, yn ei ddarbwyllo i adeiladu ffordd newydd er mwyn gallu cludo metal o'r ardal. Y dystiolaeth orau o fodolaeth y gymuned yn yr Oes Haearn yw'r gaer ar gopa Yr Eifl sef Tre'r Ceiri. Yno, mae cymaint â 160 o gytiau crwn. Dyma un o'r caerau mwya a'r mwya trawiadol efallai yng ngwledydd Prydain. Yn y cytiau hyn roedd y trigolion yn byw rhwng tua 150 CC a 400 OC. Yn 1920au yn Nhre'r Ceiri hefyd y darganfuwyd 'broets' Geltaidd a gaiff ei hystyried fel un o rai mwya cain y cyfnod. Bellach, fe gaiff y broets ei chadw yn yr Amgueddfa Brydeinig yn Llundain.

Wedi ymadael, gadawodd y Rhufeiniaid eu stiwardiaid ar ôl – y 'Gwrtheyrnion' (gor + teyrn) – a nhw fu'n rheoli. Un o gymeriadau mwya anffodus y cyfnod oedd Gwrtheyrn Gwrthenau yn ardal Swydd Caint. Ef oedd brenin trigolion Ynys Prydain ac, yn ôl yr hanes, daeth ar ei orsedd fel blaidd. Yn aml roedd yn feddw wrth deyrnasu a diorseddwyd ef fel ffŵl. Oherwydd y rhaniadau ymysg ei bobl nid oedd Gwrtheyrn yn medru ymddiried ynddyn nhw ac fe gyflogodd filwyr o Sacsoni i'w gynorthwyo i barhau mewn grym yn Swydd Caint. Ym mysg y milwyr hyn roedd Hors a Hengist a syrthiodd Gwrtheyrn mewn cariad â Rhonwen, merch Hengist. Fe drefnodd Hengist swper ar gyfer Gwrtheyrn a'i gyd-Frythoniaid, ond yng nghanol y pryd bwyd, cododd milwyr Sacsoni a thrywanu'r Brythoniaid gan adael i Gwrtheyrn ddianc, yn gyntaf i Eryri, ac ymlaen i Nant Gwrtheyrn.

Llwyddodd y Sacsoniaid goncro rhannau helaeth o ynys Prydain gan adael Cymru a Chernyw wedi eu hynysu fel unedau ar wahân. Mae enw Gwrtheyrn yn dal ar gof a chadw fel yr un a wnaeth fradychu ei gyd-Frythoniaid drwy gyflogi milwyr o Sacsoni.

Mae'n anodd meddwl heddiw bod Nant Gwrtheyrn ar un o briffyrdd yr Oesoedd Canol. Saif mam-eglwys y penrhyn, eglwys Beuno Sant, Clynnog Fawr, rhyw chwe milltir o'r Nant a dyna fan cychwyn 'taith y pererinion' i Ynys Enlli. Roedd tri ymweliad ag Enlli yn gyfystyr ag un i Rufain ar y pryd ac oherwydd pwysigrwydd yr ynys, roedd llawer iawn o deithio ar hyd arfordir gogleddol penrhyn Llŷn yn y cyfnod hwnnw. Heddiw, mae'n bosib cerdded ar hyd llwybr y pererinion ac ymweld â thair eglwys yn ymyl Nant Gwrtheyrn. Maen nhw'n amgylchynu godre'r Eifl, sef eglwysi Llanaelhaearn, Carnguwch a Phistyll. Ym mynwent Llanaelhaearn, saif carreg o'r 6ed ganrif ag arni arysgrif Lladin, tra bo yn eglwys Pistyll fedyddfaen go anghyffredin ag arni gerfiadau Celtaidd. Yno hefyd mae ffenestr gul yn wal yr eglwys lle byddai'r rhai oedd yn dioddef o'r gwahanglwyf yn derbyn eu gwasanaeth. Yn y cyfnod hwnnw roedden nhw'n sicrhau nad oedd y gwahangleifion yn dod i gysylltiad corfforol â'r cyhoedd. Ar nodyn mwy cyfoes, ym mynwent Pistyll y claddwyd Rupert Davies, yr actor a ddaeth mor boblogaidd yn y gyfres deledu *Maigret*.

Broets Tre'r Ceiri

Eglwys Llanaelhaearn

2. CHWEDLAU'R FRO

Gwrtheyrn

O dderbyn yr hanes uchod am Gwrtheyrn fel ffaith, mae'r hyn a ddigwyddodd iddo ar ôl ei ddihangfa yn llawn chwedl!

Bydd rhai yn sôn mai ar y ffordd i Nant Gwrtheyrn, lle y bu'n byw am weddill ei oes, y cafodd gyfle i sefydlu llinach newydd o frenhinoedd ym Mhowys. Yna, ar ei ffordd drwy Eryri, ceisiodd godi caer ond heb lawer o lwyddiant. Daeth bachgen o'r enw Emrys ato ac egluro mai'r llyn o dan y sylfeini oedd yn achosi i'r gaer ddisgyn dro ar ôl tro. Eglurodd mai o dan y llyn roedd y ddwy ddraig a fyddai'n arfer ymladd yn erbyn ei gilydd sef draig goch y Cymry a draig wen y Sacsoniaid. Aeth Gwrtheyrn i'w rhyddhau o'u twll tanddaearol ac, ymhen dim, roedden nhw'n ymladd yn ffyrnig o'i flaen. Y ddraig goch oedd yn fuddugol ac nid oes angen llawer o ddychymyg i weld mai llwyddiant y ddraig goch y diwrnod hwnnw sy'n egluro pam mai hi yw ein symbol cenedlaethol grymus hyd heddiw! I ddiolch am ei arweiniad, rhoddodd Gwrtheyrn y llyn i'r bachgen ifanc, sef Llyn Dinas, yn ogystal â'r gaer Dinas Emrys, ger Beddgelert.

Ond, pam yr aeth Gwrtheyrn i'r Nant? Tybed oedd yr haearn wedi ei ddenu i'r cylch fel y denodd y Rhufeiniaid a'r Celtiaid cyn hynny? Byddai'n adnawdd gwerthfawr os mai ei fwriad oedd ymladd. Yn ôl yr hanes, cafodd ei arwain yno gan ei dderwyddon ac mae *Historia Brittonum Nennius* yn sôn amdano'n cyrraedd ardal 'Guunnessi' gyda'i dderwyddon. Mae'n bosib, yn ôl yr Athro Melville Richards, gweld yr enw wedi ei addasu yn Gwynnys sy'n enw ar fferm yn ymyl Pistyll hyd heddiw.

Beth oedd ffawd Gwrtheyrn ar ôl cyrraedd felly? Mae sawl fersiwn i'r chwedl. Y gred gyffredinol yw iddo godi 'castell' yn y cwm. Yn wir, yn y 1870au mae Thomas Pennant yn ei lyfr *Tours of Wales* yn sôn am fodolaeth 'carnedd' neu *tumulus* yn agos at y môr tan tua 1700. Roedd yno fedd o gerrig gyda phridd yn ei orchuddio. Yn ôl Pennant, cafodd y bedd ei agor gan drigolion y Nant a fe wnaethon nhw ddarganfod arch garreg ac esgyrn dyn tal ynddi. Ar y mapiau Ordans cynnar, yr enw ar y *tumulus* yw Castell Gwrtheyrn.

Yn ôl un stori, anfonodd Duw dân o'r nef i losgi Gwrtheyrn mewn storm ond, wrth iddo geisio dianc o'r Nant, fe gafodd ef a'i fab Gwrthefyr, eu lladd gan Garmon, un o'r arweinwyr lleol. Mewn stori arall, fe lwyddodd gelynion Gwrtheyrn ddod o hyd i'w guddfan, a chafodd ei orfodi i ddianc unwaith eto. Y tro hwn, sut bynnag, cafodd ei ddal, ei lofruddio a'i gladdu yn y Nant. Yn ola, mae sôn bod Gwrtheyrn wedi torri ei galon ar ôl bradychu'r Brythoniaid, a cherdded yn wallgo yn y mynyddoedd fu ei hanes wedyn.

Pa fersiwn bynnag mae rhywun yn ei dewis, mae'n anodd credu nad oes rhyw sail i fodolaeth Gwrtheyrn yn y cwm. Eto i gyd, er bod ei enw wedi ei gysylltu â'r pentref hynafol hwn ers canrifoedd, mae rhai'n credu, oherwydd llwfrdra ac ynfydrwydd Gwrtheyrn, fod angen newid enw'r cwm. Mae Ioan Mai Evans, yr hanesydd o Lithfaen ac un sydd â'i wreiddiau'n ddwfn yn y Nant, wedi dadlau dros ei alw'n Nant Llywelyn gan fod y cwm yn perthyn i stad Llywelyn ein Llyw Olaf yn y 13eg canrif pan fu'n ymladd dros y Cymry yn erbyn Edward I.

Y Tair Melltith

Ychydig flynyddoedd wedi marwolaeth Gwrtheyrn, yn ôl y sôn, fe alwodd tri mynach yn y Nant ar eu pererindod i Enlli. Sefydlu eglwys yn y cwm oedd eu nod ond nid oedd croeso iddynt yno. Cododd tyddynwyr y Nant fel un yn eu herbyn a'u hel oddi yno. Roedd yn rhaid i'r mynachod ddial ac, o ganlyniad, fe gafodd y Nant ei melltithio deirgwaith ganddynt:

- Na fyddai tir y Nant byth eto yn dir sanctaidd ac na fyddai neb felly'n cael ei gladdu yno.
- Y byddai'r Nant yn llwyddo ac yn methu deirgwaith cyn methu'n derfynol.
- Na fyddai dau berson o'r un teulu yn y Nant yn cael priodi ei gilydd. Byddai hynny'n ddigwyddiad arferol bryd hynny.

Y noson wedi i'r mynachod felltithio'r Nant, mi gododd storm fawr ac roedd holl ddynion y cwm allan yn pysgota ar y môr ar y pryd. Boddwyd pob un o ddynion y cwm, felly heb y dynion i'w cynnal, bu'n rhaid i'r gwragedd symud oddi yno gan adael y cwm yn wag.

Efallai mai propaganda'r Eglwys Rufeinig ar y pryd oedd y stori hon, er mwyn lladd ar baganiaeth yr Eglwys Geltaidd a oedd mewn grym yn yr ardal yn y cyfnod hwnnw. Ond, mae'n ddiddorol nodi na chafodd neb ei gladdu'n y cwm wedyn.

Hyd yn oed pan oedd y pentref yn ei anterth diwedd y 19eg ganrif, doedd y trigolion ddim yn cael eu claddu'n y Nant. Roedd yn rhaid i bawb gael ei gario i fyny'r rhiw serth ar elor, gan ddefnyddio'r rhaff gref y byddai'r creigwyr yn ei defnyddio wrth ddringo'r graig yn y chwarel. Byddai rhyw ugain o chwarelwyr yn gyfrifol am gario'r corff o'r Nant, rhai yn tynnu'r rhaff, eraill â'u hysgwyddau o dan yr elor, gan gario'r corff i'w orffwysfa'n ddefosiynol. Ym mynwent Llithfaen y byddai rhai yn cael eu claddu a'r lleill ym mynwent Pistyll.

Rhys a Meinir

Mae'n debyg mai hanes Rhys a Meinir yw'r stori garu enwocaf yn y Gymraeg. Roedd tair fferm yn y cwm yn y cyfnod cyn i'r chwareli ithfaen gael eu datblygu, ac mae eu murddunod i'w gweld hyd heddiw: Tŷ Uchaf, Tŷ Canol, a Thŷ Hen.

Ar un o'r ffermydd hyn, tua phedair canrif yn ôl, roedd bachgen amddifad o'r enw Rhys Maredudd yn byw efo'i chwaer. Gerllaw, roedd Meinir Maredudd yn byw gyda'i thad ar fferm arall, a'r ddau yn naturiol wedi adnabod a chwarae gyda'i gilydd ers yn blant. Er gwaetha'r ffaith eu bod yn gefndryd fe syrthion nhw mewn cariad â'i gilydd a chytuno i briodi. Wrth wneud hyn wrth gwrs roedden nhw'n herio un o felltithion y mynachod. Aeth Ifan Cilia o gwmpas yr ardal yn lledaenu'r newyddion da i bob tŷ a chyhoeddi dyddiad y briodas yn eglwys Clynnog Fawr.

Y noson cyn y briodas, aeth cymdogion y fro i lawr i'r Nant i gyflwyno anrhegion i'r cwpl: brethyn, blawd ceirch, a manion eraill at ddefnydd Rhys a Meinir wedi iddyn nhw briodi. Yn naturiol, roedd trigolion y cwm mewn hwyliau da y bore wedyn ac wedi ymgasglu yn fore yn eglwys Clynnog Fawr i ddisgwyl am y briodferch. Yr arferiad bryd hynny oedd i'r briodferch ymguddio ar fore ei phriodas ac i'r priodfab, gyda'i weision, chwilio amdani. Aeth y criw i chwilio am Meinir er mwyn ei gyrru hi i'r eglwys ar gefn un o'u ceffylau a phan welodd hi nhw'n dod, aeth i guddio a diflannodd. Chwiliodd a chwiliodd Rhys a'i ffrindiau amdani ond yn ofer, ac aethon nhw ymlaen i Glynnog Fawr gan gredu y byddai Meinir wedi bod yn ddigon cyfrwys i ddianc o'r Nant heb iddyn nhw ei gweld hi.

Er mawr siom a sioc doedd dim golwg ohoni yn eglwys Clynnog. Dechreuodd pawb boeni ac fe ddychwelodd Rhys i'r Nant i chwilio ond doedd dim sôn amdani yno chwaith. Erbyn y dydd Sul roedd yn amlwg bod rhywbeth mawr wedi digwydd i Meinir ond gwrthododd Rhys roi'r gorau i'r chwilio. O ganlyniad i'r holl chwilio a'i anallu i fyw heb Meinir aeth Rhys yn wallgof.

Bob dydd byddai'n mynd at y clogwyni lle'r arferai'r ddau garu ger yr hen dderwen ac yn gweiddi dros y lle, 'Meinir! Meinir!' Un noson, rai blynyddoedd wedyn, aeth i lechu o dan y dderwen rhag storm o fellt a tharanau pan darodd mellten yr hen goeden gan hollti ei bonyn yn ddau.

Y tu mewn i geudod y boncyff, yn y twll gwag, fe welodd Rhys weddillion ffrog briodas Meinir a sgerbwd ei gariad. Yn amlwg, roedd Meinir wedi dringo i mewn i geubren y goeden, wedi disgyn i lawr i'w gwaelod ac wedi methu â dringo oddi yno. Roedd y cyfan yn ormod i Rhys a bu farw yn y fan a'r lle. Claddwyd y ddau yn yr un bedd.

Unwaith eto, roedd melltith y Nant wedi taro!

Rees a Margaret

Cyhoeddwyd hanes Rhys a Meinir yn y Gymraeg yn Hydref 1862 mewn llyfr o'r enw *Cymru Fu*, casgliad o chwedlau llafar gwlad. Ond, roedd y chwedl wedi ei chyhoeddi yn y Saesneg yn 1831 yn y *Cambrian Quarterly Magazine* o dan y teitl 'The Bride of Nant Gwrtheyrn'.

Yn y cyhoeddiad hwnnw, Rees a Margaret oedd enwau'r pâr ifanc. Yn ddiddorol, ymwrthododd y cyfieithydd Cymraeg a'r cyhoeddwr â llawer o'r erchylltra a ymddangosodd yn y fersiwn Saesneg. Yn hwnnw, mae sôn am bysgotwr ar y môr, un nos ola leuad, yn gweld sgerbwd yn symud ar y traeth yn y Nant. Mae'n disgrifio hefyd sut roedd pobl wedi gweld dau ysbryd yn symud law yn llaw – dyn gyda barf a gwallt hir a merch gyda socedau gwag yn lle llygaid. Yn ôl y fersiwn Saesneg dim ond tylluan a bilidowcar wnaiff ddisgyn bellach ar y goeden lle bu farw'r ferch.

Elis Bach

Tua 1794 y ganwyd Elis Bach a hynny mewn bwthyn ar dir fferm Tŷ Uchaf, ac yno roedd yn byw gyda'i frawd Robin. Er ei fod yn bwyta'n iach, ac yn bwyta llond ei fol o fwyd, daeth yn amlwg pan oedd tua saith oed mai corrach fyddai'r bachgen. Nid oedd yn tyfu fawr ddim. Elis Bach roedd pawb yn ei alw yn blentyn, ac yn ôl y sôn, byddai ei ben ôl yn cyffwrdd y ffordd wrth iddo gerdded llwybrau serth yr ardal. Er bod Elis yn un byr ei gorff, doedd neb yn medru ei guro wrth grwydro'r gelltydd o gwmpas y Nant.

Doedd Elis ddim yn hoffi gweld dieithriaid o gwmpas y lle ac weithiau pan fydden nhw'n cerdded heibio i'w gartref byddai'n cuddio a gweiddi o'r siambr arnyn nhw. Doedd e ddim yn gallu ynganu geiriau'n eglur a doedd pobl ddieithr ddim yn ei ddeall yn hawdd. Roedd ganddo ddywediadau rhyfedd hefyd, megis – 'bwyta hyn, bwyta'r cwbl o'r bin'.

Yng nghyfnod Elis Bach byddai marchnad yn cael ei chynnal yn y Nant a byddai ffermwyr o bell ag agos yn prynu a gwerthu yno. Bob nos cyn y farchnad, gwaith Elis fyddai hel yr anifeiliaid ar gyfer y bore gyda'i ast fach deircoes, Meg. Tra oedd Elis wrthi byddai ei fam yn hel digon o fawn i'w roi ar y tân, nôl dŵr o'r ffynnon ac yna'n pobi bara ar gyfer yr ymwelwyr fyddai'n dod i brynu a gwerthu.

Un diwrnod, ar fore marchnad y Nant, sylwodd pawb ar ddau ddyn dieithr oedd yn prynu llawer o anifeiliaid gan gynnig crocbris amdanyn nhw. Doedd neb yn deall hyn a phan aethon nhw i gartref Elis er mwyn cael cinio gan ei fam, cuddiodd hwnnw yn nresel y gegin. Oddi yno roedd yn gallu gwrando ar eu sgwrs ac felly darganfod beth oedd eu cynllwyn. Dwyn defaid oedd eu bwriad drwy ddiflannu cyn talu ar ôl prynu yn y farchnad.

Ar ôl talu swm pitw i'w fam am eu cinio, ond nid am y defaid, aeth y ddau ddyn â'r anifeiliaid ar hyd y gamffordd. Dilynodd Elis hwy gan gymryd llwybr gwahanol drwy'r coed. Ar ben y gamffordd roedd Elis yn barod amdanyn nhw, ac wedi cyrraedd yno yn llawer cynt na'r lladron a'r defaid. Fe haliodd e giât ar draws y lôn er mwyn atal y defaid a chyda chymorth Meg fe lwyddodd i wylltio'r defaid a'u gyrru'n ôl am y coed. Roedd hi ar ben ar y lladron a dyma'r ddau yn ei heglu hi heb y defaid dros Foel Gwynnus am Bistyll. Y noson honno, cafodd Meg swper anfarwol o fara, cig a llefrith a hyd y dydd heddiw, mae trigolion yr ardal yn dal i adrodd hanes Elis Bach yn trechu'r lladron dwyn defaid.

Mae cae Elis Bach yn y Nant o hyd ac mae gweddillion yr hen furddun lle'r arferai ef fyw i'w weld hefyd. Dywed rhai fod hen eglwys ger bwthyn Elis Bach ond does dim hanes penodol am yr eglwys honno.

Y Jyrman Sbei

Mewn cyfnod mwy diweddar yn y 1940au daeth Mrs Margaret Gladys Fisher o Feddgelert a'i phedwar ci mawr blewog, cath, troell a ffidil i fyw i fynglo pren anghysbell 'The Four Winds' uwchben Carreg y Llam, ar ochr orllewinol y Nant. Ond pam dod i'r fath le i fyw?

Roedd pawb yn 'gwybod' mai Jyrman Sbei oedd hi – neu y fo – achos roedd merched y pentref yn mynnu mai dyn oedd hi, a pha le gwell i ddod i ysbïo. Doedd dim cymdogion busneslyd i gadw llygad arni ac roedd yn lle rhagorol i fflachio arwyddion i longau'r gelyn ar y môr gerllaw. Roedd yn lle delfrydol hefyd i longau sleifio i mewn i gei llwytho Carreg y Llam gan ddod â rhywun yn slei i mewn i'r wlad, neu gynorthwyo rhywun i ddianc.

Ar fore Sul ym mis Chwefror 1943, yn yr oriau mân, mi welodd gwylwyr y glannau ym Mhorthdinllaen dân ar fynydd y Bwlch, Llithfaen. Llosgodd y tŷ pren yn wenfflam a'r bore wedyn, daethon nhw o hyd i weddillion dynol a gweddillion y cŵn yn y lludw. Ond nid dyna ddiwedd y stori. Roedd pawb yn credu mai'r rheswm oedd bod gwaith Mrs Fisher wedi dod i ben a'i bod hi wedi dianc. Roedd y llanw'n berffaith iddi ddianc ar long danfor y noson honno. Roedd yn noson dawel, a phob sŵn yn cario am filltiroedd. Peth rhyfedd felly nad oedd unrhywun wedi clywed yr un ci yn cyfarth wrth i'r tŷ losgi. Roedd y cwest yn cadarnhau mai gwraig weddw oedd Mrs Fisher, wedi i'w gŵr, y Capten Fisher a oedd yn aelod o'r Llynges, farw. Roedd ei hunig fab, Lt.Commander Thomas Fisher, wedi ei ladd yn Singapore ac felly, yn hwylus iawn, nid oedd unrhyw un yn medru profi na gwrthbrofi mai gweddillion Mrs Fisher oedd yn y tŷ.

Pan oedd yn byw ym Meddgelert fe gafodd ymweliad gan Goering yn ôl y sôn, a chredid ei bod hi wedi cael ei haddysg yn Prague. Tybed faint o wirionedd sydd yn yr hanes? Mae'r dychymyg yn gallu bod yn fyw iawn mewn achosion fel hyn ac felly mae'r dirgelwch yn parhau!

Y Baban a'r Eryr

Mae'r stori sy'n dilyn yn dod yn syth o ysgrif gan rywun oedd yn arfer byw yn y Nant ar droad y 19eg ganrif. Dyddiad yr ysgrif yw Gorffennaf 1967 a dyma'r testun gwreiddiol. Yn anffodus, mae ei tharddiad yn anhysbys.

'Roedd llawer o eryrod yng nghreigiau yr Eifl a'r Nant flynyddoedd yn ôl, yn nythu ac yn magu eu cywion yno, ond maent wedi diflannu ers blynyddoedd bellach.

Mae hanes y fam ieuanc, ar ddiwrnod tesog o haf, yn rhan o chwedloniaeth y cwm bellach. Roedd yn byw mewn bwthyn yng ngwaelod y Nant. Wrthi yn golchi yn yr ardd roedd hi ac wedi dod â chrud ei baban i'w hymyl yn yr ardd. Roedd y bychan yn cysgu yn y tawelwch a ffynnai yn y lle ac aeth y fam i'r tŷ am ennyd. Ond, yn ebrwydd, clywodd y fam sŵn adenydd yn hedfan a brysiodd allan ar unwaith ac er ei dychryn, syfrdanwyd hi pan welodd eryr mawr a'r baban yn ei grafangau yn hedfan tua'r nyth yn y creigiau. Gwaeddodd nes yr oedd y creigiau yn atseinio drwy'r lle. Rhedodd dynion cryfion i'w helpu ond yr oedd y graig mor serth a rhoesant y gorau i'r ymdrech. Rhedodd y fam a gafaelodd mewn rhaff a dringo wyneb llyfn y graig hyd nes iddi cyrraedd nyth yr eryr ac er ei llawenydd, cipio ei baban bach oedd yn fyw, ac i lawr â hi a'r bychan yn ei chôl. Pwy all fesur cariad mam a'i llawenydd? Cariad mam sy'n trechu pob anhawster.'

Luned Bengoch

Mae'r nofel hon, gan Elizabeth Watkin-Jones, wedi ei lleoli yn y 15fed ganrif yn Nant Gwrtheyrn a'r cyffiniau. Mae'r nofel wedi anfarwoli Nant Gwrtheyrn i laweroedd o blant Cymru sydd wedi ei darllen. Mae'n ymwneud â helyntion cyfnod Glyndŵr a'r ymdrech i ryddhau Cymru rhag ei gorthrwm.

Un o gefnogwyr mwyaf brwd y tywysog yn y nofel yw Rhys, mab Huw Fychan o Gastell Nant Gwrtheyrn, a'i gyfaill yw Luned, merch bengoch anturus. Mae'r ddau yn dod wyneb yn wyneb â pheryglon di-rif wrth ymdrechu i anfon neges at Glyndŵr ym Mhumlumon tra bo Luned ar y pryd yn ymladd yn erbyn Merfyn Goch, dihiryn creulon yn yr ardal.

Yr adnewyddu wedi dechrau ar doeon Y Nant

24

3. Hanes Datblygiad Porth y Nant

Yn eu hanterth, roedd chwareli ithfaen yr Eifl ymysg y rhai mwya'n y byd am gynhyrchu setiau, sef darnau o gerrig wedi eu naddu i wahanol fesuriadau ond a oedd fel arfer yn giwb, tua 15 i 20 cm o hyd. Roedd rhain yn cael eu defnyddio i roi wyneb ar strydoedd a phalmentydd dinasoedd mawrion yn Lloegr yn benna, wrth i'r ardaloedd hynny ddatblygu'n ddiwydiannol. Roedd y wenithfaen yn garreg galed iawn ac yn cynnig gafael dda i garn ceffyl.

Dechreuodd y gwaith yn y Nant yn 1851, bron ugain mlynedd wedi agor chwareli yn Nhrefor a'r 'Gwylwyr' ger Nefyn. Tan hynny, y tair fferm, Tŷ Ucha, Tŷ Canol a Thŷ Hen, oedd wedi rheoli bywyd y dyffryn, yn magu llawer iawn o wartheg a rhyw 500 o ddefaid. Gan ei fod yn lle cysgodol iawn rhwng y mynydd a'r môr a'r tir yn doreithiog, roedd yn cael ei gyfri yn lle cynnar, ffrwythlon a blodeuog iawn. Sŵn y defaid yn brefi a chwiban y bugeiliaid oedd yr unig sŵn yn y cwm a'r diwrnod prysura oedd y diwrnod cneifio.

Byddai diwrnod prysur arall yn dilyn, sef diwrnod hela'r geifr oddi ar lethrau'r mynyddoedd. Byddai rhai geifr yn cael eu lladd er mwyn cael cig at y gaeaf. Cig gwydn, coch iawn ydoedd a byddent yn ei roi mewn tybiau i'w halltu ac yn rhoi pwysau trwm arno am fisoedd er mwyn ei feddalu. Yn y Nant hefyd y bydden nhw'n dal ac yn dewis bwch gafr er mwyn ei hyfforddi i arwain y Ffiwsilwyr Cymreig.

Ond cafodd y cwm ei drawsnewid gyda datblygiad y gwaith. Perchennog cynta y chwarel oedd Hugh Owen, gŵr o Ynys Môn. Fe werthodd y gwaith yn fuan wedi iddo agor i'r Bonwr Dodd ac ef a ddechreuodd ar y gwaith o adeiladu 13 o dai bychain, neu'r barics, i letya gweithwyr y chwareli. Byr oedd ei arhosiad ef hefyd gan iddo werthu'r chwarel wedyn i'r Bonwr Benthol ac ef fu'n gyfrifol am orffen y gwaith ar y barics. Mae olion y barics i'w gweld hyd heddiw yn ymyl Tŷ Hen. Ym 1861, dechreuodd cwmni o Lerpwl, *Kneeshaw a Lupton,* ddatblygu'r Nant a thros y deugain mlynedd wedyn bu datblygiadau aruthrol yno.

Roedd pobl yn tyrru i'r Nant i weithio. Daeth amryw o ardal Penmaenmawr a Llanfairfechan yn 'setwyr' ac yn 'greigwyr'. Roedd llawer o'r gweithwyr cynta hefyd yn Wyddelod. Malu metlin oedd eu gwaith gan nad oedd ganddyn nhw'r grefft o greu setiau. Yn fuan, cynyddodd nifer y Cymry, o gefndir amaethyddol, yn y chwarel gan fod y tâl gymaint yn uwch na'r tâl am weithio ar y tir. Ar yr un pryd, roedd mewnlifiad o grefftwyr o Loegr a chanddyn nhw'r sgiliau o wneud setiau, a deuai'r rhan fwyaf o Swydd Caerlyr. Mae enwau'r mewnfudwyr hyn i'w gweld a'u clywed yn yr ardal hyd heddiw: Bracegirdle, Cullen, Baum ac ati – pob un bellach yn Gymry glân gloyw! Cododd y galw am y cerrig yn aruthrol yn ail hanner y 19eg ganrif ac, erbyn 1890, roedd tair chwarel anferth yn y cwm: Cae'r Nant, Porth y Nant, a Charreg y Llam.

Cynyddodd y boblogaeth yn sylweddol. Lle gynt nad oedd ond tair fferm a rhyw 16 o bobl yn byw yno, bellach roedd angen mwy o lety nag y gallai'r barics ei gynnig ac ym 1878 penderfynodd y cwmni adeiladu 26 o dai newydd a galw'r datblygiad yn 'Port Nant'. Dyna'r tai sydd i'w gweld yn y pentre heddiw. Enwau'r ddwy res oedd 'Mountain View' a 'Sea View', ond fe'u disodlwyd bellach gan 'Trem y Mynydd' a 'Threm y Môr'. Yn y tŷ pen, yn y rhes ucha roedd becws a siop gydweithredol. Nodwedd ddiddorol ynglŷn â'r siop oedd y darn arian a fathwyd yn bwrpasol ar gyfer trigolion y cwm ac a ddefnyddiwyd ganddyn nhw fel arian cyfredol ar y pryd. Daeth cymuned y Nant yn hunangynhaliol i raddau helaeth.

Ym mhen pella'r pentre, ar waelod rhes Trem y Mynydd, fe gafodd y Plas ei adeiladu. Tŷ mawr ydoedd, gyda goruchwyliwr y chwarel yn byw ynddo 'fel rhyw Frenin' yn ôl un o'r cyn-drigolion. Ynyswyd y tŷ hwn oddi wrth weddill y pentre gan fod llwybr preifat yn arwain ato a wal uchel rhyngddo a'r pentre. Mae'r wal i'w gweld o hyd a bu'n rhaid aros tan 1980au cyn torri twll ynddi a chreu giât i hwyluso'r mynd a dod rhwng tai'r gweithwyr a'r Plas.

Mae sôn hefyd bod cynllun 'yswiriant' amrwd yn y gwaith. Gan nad oedd tâl salwch, roedd yn ofynnol i'r gweithwyr edrych ar ôl ei gilydd ar ôl damwain. Dyna fu hanes tad Dr. Huw T. Edwards, arweinydd yr Undebau Llafur, pan oedd yn chwarelwr ifanc yn y Nant. Cafodd ddamwain ddifrifol wrth weithio ar wyneb y graig ac, oherwydd hynny, ni allai weithio am rai misoedd. O ganlyniad, bob yn ail nos Sadwrn am naw mis, gwnâi'r gweithwyr, a'r Gwyddelod yn eu plith, gasgliad er mwyn iddo gael cyflog llawn.

Yn y bae o dan y Nant, adeiladwyd tair glanfa neu 'stage' ar gyfer cludo'r holl gerrig ac roedd gan bob chwarel ei glanfa ei hun: Cae'r Nant, Porth y Nant, a Charreg y Llam. Byddai llawer o nwyddau'n cael eu mewnforio yno hefyd gyda chynnyrch ffasiynol o Lerpwl a Phenbedw yn ymddangos yn y Nant ymhell cyn iddo ymddangos mewn unrhyw siop arall yn lleol. Dyna sut y daeth y glo gynta i'r ardal. Cyn hynny, roedd y trigolion wedi dibynnu ar losgi coed a brwyn ac yn ôl y diweddar Mrs Margaret Jones, Glanrhyd, Llanaelhaearn, a fu'n blentyn yn y pentre, roedden nhw'n defnyddio tail gwartheg wedi ei sychu ar gyfer gwresogi a choginio.

Roedd y glanfeydd yn medru cymryd llongau hyd at 150 i 200 tunnell yn hwylus ac yn ddidrafferth. Roedd gan gwmni'r chwarel bedair llong i gario'r metlin i'r trefi mawr yn Lloegr sef, 'Tolfaen', 'Sylfaen', 'Gwynfaen' a 'Calchfaen'. Suddodd 'Tolfaen' oddi ar arfordir Ynys Môn a chollwyd y criw i gyd. Collwyd 'Gwynfaen' ym mae Porthdinllaen ond cafodd y criw eu hachub. Ar un noson stormus aeth llong arall, 'Amy Summerfield,' i drafferthion wrth ei llwytho ger glanfa

Cae'r Nant. Oherwydd y storm bu'n rhaid clymu pen blaen y llong wrth y lanfa. Cyn pen eiliadau, fe symudodd y llong gerfydd ei hochr at y traeth a bachodd y *'propelar'* yn y creigiau gan adael y llong ar drugaredd y gwynt a'r tonnau. Cafodd y llong ei dinistrio ac mae ei gweddillion i'w gweld ar lan y môr hyd heddiw. Bu bron i'r storm honno â dinistrio'r lanfa hefyd ond bu yno'n ddi-ildio tan ganol yr 1980au pan chwalwyd hi gan storm arall.

Roedd y chwareli yn eu hanterth tua diwedd yr 1880au ac erbyn Cyfrifiad 1886, roedd nifer y bobl a oedd yn byw yn y pentre wedi cynyddu'n sylweddol. Roedd y tri theulu o ffermwyr yn dal yno, ond yn ogystal roedd tua 190 o chwarelwyr a'u teuluoedd.

Pan oedd y gwaith yn ei fri, roedd nos Sadwrn yn Llithfaen yn brysur iawn. Hon oedd y noson pan fyddai'r Gwyddelod yn cyfarfod yn y

Caseg yn tynnu cert llusg ar y gamffordd

Yr hen ffordd lawr i'r pentref

'Victoria Hotel' sef yr enw ar 'Y Fic' bryd hynny. Yn ôl y sôn, gan un a gofnododd hanes y cyfnod, 'byddai yno le garw iawn yn y pentre a bydden ni'r plant yn gofalu myned tuag adre cyn amser cau yr Hotel. Byddai'r holl ffraeo a'r paffio ym mysg ei gilydd wrth iddyn nhw adael yn ein dychryn ni. Byddai rhai ohonyn nhw'n gorwedd ar y gamffordd ar y ffordd i lawr i'r Nant ac yno y bydden nhw nes deffro fore trannoeth.'

Mae tro ar yr hen gamffordd sydd wedi ei enwi ar ôl un digwyddiad trist. Un noson stormus o eira a gwynt, a hithau o dan effaith y ddiod, cwympodd rhyw Mrs Butler ynghanol yr eira ac yn hytrach na chodi, gorweddodd yno. Fore trannoeth aeth ei phriod a rhai o'r cymdogion i chwilio amdani a chawson nhw hi'n farw yn yr eira. Felly caiff y lle ei alw hyd y dydd heddiw yn 'tro Mrs Butler'.

Crefydd yn y Nant

Gan mai ychydig o bobl fyddai'n mynd i Lithfaen ar gyfer gwasanaeth ar y Sul dechreuwyd cynnal gwasanaethau mewn hen adeilad pren – 'Y Babell Goed'– ychydig yn uwch na Thŷ Hen. Mae'n debyg mai lle digon garw oedd y Nant yn nyddiau cynta'r barics, ac, yn ôl un hanesydd, byddai'r gweithwyr yn treulio'r rhan fwya o'u hamser 'mewn gloddest a meddwdod'. Ar y dechrau, byddai Gweinidog Llithfaen yn mynd i lawr i'r Nant bob Sul a'r offeiriad pabyddol bob yn ail ddydd Llun er mwyn ceisio cymedroli rhywfaint ar ffordd o fyw'r trigolion. Yna, ym 1875, daeth yr eglwys o dan ofalaeth y Methodistiaid Calfinaidd ac fe adeiladon nhw 'Capel Seilo,' er mwyn cael lle pwrpasol i addoli. Y gost oedd £300 ac roedd lle i 130 eistedd ynddo. Hwn oedd yr achos Seisnig cynta ym Mhenrhyn Llŷn. Mor eironig ydyw hynny heddiw!

Ar droad y 19eg ganrif, roedd 40 aelod yn y capel a thua 60 o blant yn mynychu'r Ysgol Sul ac felly roedd y Nant yn teilyngu cael ei gweinidog ei hun. Yn anffodus, fydden nhw ddim yn aros yno'n hir iawn. Y gweinidog ola oedd y Parchedig G.W.Jones, Parc, Môn a adawodd ym 1914. Dymchwelodd yr hen Babell Goed mewn storm ond roedd y sylfeini i'w gweld yno hyd y 1990au cynnar. Ar seiliau'r Capel Seilo y saif y Ganolfan Dreftadaeth heddiw.

Capel Seilo fel ag yr oedd

Addysg yn y Nant

Gan fod cymaint o blant yn byw yn y cwm erbyn rhan ola'r 19eg ganrif, roedd yn rhaid darparu addysg ar eu cyfer. Disgynnodd y cyfrifoldeb ar gwmni'r chwarel a gofynnwyd i'r weinidog gynnal ysgol ddyddiol ar eu rhan, er nad oedd y gweinidogion fel arfer wedi derbyn unrhyw hyfforddiant priodol i gyflawni'r gwaith. Yn un o dai rhes Trem y Mynydd y cafodd yr ysgol gynta ei chynnal, cyn symud wedyn, wrth i'r niferoedd gynyddu, i'r Babell Goed. Ar rai adegau, pan nad oedd gweinidog yn y cwm, byddai'n rhaid i'r plant naill ai fynd i Lithfaen am eu haddysg neu aros gartre.

Parhaodd y sefyllfa anffurfiol ac anfoddhaol tan i'r Cyngor Sir ysgwyddo'r cyfrifoldeb am eu haddysgu ym 1908. Wrth i weithwyr y chwarel fynd a dod yn gyson, a'r plant yn eu sgil, gwaith anodd oedd

Trem y Môr tua 1983

bod yn athro arnyn nhw ac roedd y sefyllfa'n peri gofid i Arolygwyr ei Mawrhydi. Yn ei adroddiad ym Medi 1910, dywedodd un Arolygydd, Lewis Jones Roberts 'na fu'n bosibl cynnal gwaith cyson ac mae safon gwaith y disgyblion yn annerbyniol'. Awgrymodd hefyd newid enw'r ysgol *'from the hybrid Port Nant into the suggestive Nant Gwrtheyrn (sic)'.* Tua'r un pryd, cafodd athrawes gyda sgiliau dysgu cyfoes ei phenodi yno a chymaint oedd ei llwyddiant fel bod yr Arolygydd, erbyn yr hydref canlynol, yn medru dweud, 'cafwyd gwelliant sylweddol yng nghyflwr cyffredinol yr ysgol. Rhoddwyd gwersi arbennig o dda mewn Adrodd, Cerddoriaeth a Natur, a chafwyd cynnydd sylweddol mewn darllen Cymraeg a Saesneg.'

Er hynny, tua'r un adeg lleihau wnaeth nifer y plant ac erbyn 1915 dim ond 17 o blant oedd yno. Gyda lleihad yn y galw am wenithfaen, caeodd Chwarel y Nant ac er i rai o'r gweithwyr gael gwaith yn y chwareli eraill, roedd bri Chwarel y Nant wedi diflannu am byth. Aeth rhai o dai'r pentref yn wag a symudodd y teuluoedd oedd yn byw yn y barics, i'r tai gweigion. Peth ffodus efallai oherwydd, ym 1925, bu tir-lithriad anferthol a diflannodd rhan o lety'r barics i ebargofiant.

Cafodd Chwarel y Nant ei hailagor yn ystod y tridegau wrth i'r galw am gerrig ar gyfer ffyrdd gynyddu ac roedd hyn yn ddigon i sicrhau parhad y capel a'r ysgol am rai blynyddoedd. Eto i gyd, gwegian fu eu hanes o hynny ymlaen. Gostyngodd aelodaeth y capel i 12 yn y tridegau wrth i fwyfwy symud i fyw i Lithfaen neu adael yr ardal yn gyfan gwbl. Caeodd Chwarel y Nant am y tro ola cyn dyfodiad yr Ail Ryfel Byd. Yna caewyd Cae'r-Nant a Charreg y Llam. Roedd y tair chwarel wedi cau erbyn diwedd y pedwardegau. Caewyd yr ysgol hefyd ym 1948 ac aeth rhagor o deuluoedd oddi yno gan adael y tai yn weigion. Er hynny, roedd y Nant yn dal i ddenu rhai teuluoedd digartref oedd yn chwilio am dai yn y cylch. O ganlyniad bu'n rhaid i'r Pwyllgor Addysg ailagor yr ysgol am ychydig ym 1949. Gwen Evans, sydd yn dal i fyw yn Llithfaen, oedd yr athrawes olaf i ddysgu yno.

Nid oedd achubiaeth i gymdeithas y gweithfeydd hyn ac ym 1959, symudodd y teulu ola oddi yno. O ganlyniad, o dipyn i beth, adferodd y mieri a'r drain eu lle yn y Nant. Oddi ar hynny cafodd y defaid, y geifr gwyllt, y frân goesgoch, heb anghofio ambell grwydryn, loches perffaith yn y cwm.

Hogia'r M.S.C. wrthi ar Dwyfor ac Aelhaearn, 1981–82

4. HANES CYFOES Y NANT – DATBLYGIAD Y GANOLFAN IAITH

Yr un fu hanes Nant Gwrtheyrn tan 1970. Yn y flwyddyn honno, cefais i a'm teulu y fraint o symud i fro'r Eifl ac i Lanaelhaearn yn benodol. Yno, fel meddyg teulu, roedd gen i fy mhractis cynta, yn ymestyn o Bistyll i Glynnog Fawr. Roedd yn bractis un dyn gyda'r 1,200 o gleifion yn dod i'm gweld mewn tair canolfan: Bryn Meddyg, tŷ'r doctor yn Llanaelhaearn; Festri Capel Maes y Neuadd yn Nhrefor; a'r feddygfa a etifeddais yn Llithfaen, sef hen siop 'sinc' y cigydd, cyntefig iawn ei golwg. Daeth yr hen siop 'sinc' *yn* allweddol yn natblygiad y Nant.

Yno, un bore ym Mehefin 1972, y daeth Mrs Knox, gwraig i gyn-weithiwr o chwarel y Nant a rheolwr gyda'r cwmni ARC i mewn i'm gweld. Ar ddiwedd yr ymgom arferol rhwng claf a meddyg, dyma hi'n sôn y byddai'r Nant yn debygol o fod ar werth yn y dyfodol agos. Roeddwn i wedi bod yn holi am hynt a helynt y lle yn ystod y flwyddyn cynt. Prin y gallwn guddio fy nghyffro. Roedd ei gŵr, a oedd bellach yn gweithio gyda'r un cwmni yn chwarel yr Arennig ger Y Bala, wedi clywed rhyw si bod y cwmni am werthu'r lle. Doedd dim amdani ond holi ymhellach. Yn 28 oed, a chydag argyhoeddiadau cryfion bod yn rhaid gwneud rhywbeth i 'achub' y cymunedau lleol, dyma gyfle i weithredu!

Pam 'achub' y cymunedau lleol a beth oedd fy mhryderon am yr ardal? Wrth i'r chwareli gau roedd poblogaeth yr ardal wedi disgyn yn enbyd. Wedi'r cyfan, pan oedd y chwareli ithfaen ym mro'r Eifl yn eu

Dafydd Iwan a Cennard Davies yng nghwmni Gwyn Williams, y tiwtor

hanterth, roedden nhw'n cynnig cyflogaeth i ryw 2,000 o ddynion. Heb waith doedd dim cyfle na rheswm i bobl aros yn yr ardal ac adlewyrchwyd y cwymp yn y boblogaeth yng nghanlyniadau'r Cyfrifiad. Yn 1921 roedd poblogaeth plwyf Llanaelhaearn, sy'n cynnwys Trefor, yn 1,543. Erbyn 1971, roedd traean y boblogaeth wedi diflannu ac wedi disgyn i 1,059. Dangosodd plwyf Pistyll, sy'n cynnwys pentref Llithfaen, yr un patrwm ac, wrth gwrs, roedd poblogaeth Porth y Nant wedi diflannu'n gyfan gwbl.

Caewyd ysgol Llithfaen yn y 1960au a rhwng 1970-1972, bu brwydr ffyrnig i achub Ysgol Llanaelhaearn. Sefydlwyd Antur Aelhaearn, cymdeithas gydweithredol gymunedol, i hybu dyfodol y pentre – y *'community co-op'* cynta yng ngwledydd Prydain. Onid oedd y Nant yn cynnig posibiliadau lu hefyd?

Roedd cymunedau'r ardal hon yn prysur ddiflannu. Roedd yr anobaith, a'r diffyg hyder a ddôi yn ei sgil, yn cael effaith andwyol ar iechyd y gymuned, ac yn cael ei amlygu hyd yn oed ar wynebau'r cleifion o ddydd i ddydd. Roedd cyfradd clefydau'r galon lawer yn uwch nag oedd yn ddisgwyliedig ac iselder ysbryd yn nodwedd amlwg ymysg y cleifion yn y feddygfa. Doedd neb mewn awdurdod fel petaent yn cynnig atebion. Roedd yn rhaid ceisio dod o hyd i'n hatebion ein hunain!

Felly, doedd dim byd amdani ond ysgrifennu at *Amalgamated Roadstone Corporation*, perchnogion Porth y Nant a holi pryd roedden nhw am werthu'r Nant. Dw i'n cofio rhuthro i mewn i Fryn Meddyg yn y '*Beetle*' bach ar fore Mawrth yn haf 1972 wedi cael mwy o wybodaeth bod pethe'n symud gan Mrs Knox. Rhuthrais at y ffôn ac, wrth siarad â chwmni '*Amalgamated Roadstone*', rhoi'r argraff fy mod i'n siarad ar ran y '*Nant Gwrtheyrn Trust*', nad oedd yn bodoli ar y pryd! Cefais neges galonogol, er hynny, y bydden nhw'n gwneud penderfyniad terfynol o fewn tair wythnos a bod y pris yn debygol o fod tua £35,000.

Ond, beth i'w wneud â phentre gwag – y '*ghost village*' chwedl yr ymwelwyr achlysurol a alwai heibio? Roeddwn i'n ei weld fel adnodd pwysig i'r ardal, yn lle hudolus y cefais fy syfrdanu ganddo pan ymwelais ag e am y tro cynta yng nghanol y chwedegau. Er y dirywiad a fu ers hynny, roedd yn hynod o bwysig ein bod ni'n ei ddefnyddio er lles yr ardal, gan greu gobaith o fewn y gymuned a hybu cyfleoedd gwaith yn y fro.

Yn 1967, pasiwyd Deddf yr Iaith Gymraeg – deddf a roddodd ddilysrwydd cyfartal i'r iaith Gymraeg am y tro cyntaf. Roedd y ddeddf hon yn seiliedig ar adroddiad Syr David Hughes Parry, bargyfreithiwr, Is-Ganghellor Prifysgol Llundain a brodor o Lanaelhaearn. Canlyniad hynny oedd awydd gan fwy o bobl i gael gwasanaethau cyhoeddus drwy gyfrwng y Gymraeg a bu pwysau cynyddol ar yr awdurdodau i ddarparu gwasanaethau o'r fath. Yn aml iawn, er gwaetha'r ewyllys da o du rhai o'r awdurdodau, tasg anodd os nad amhosib fu iddynt sicrhau swyddogion addas, oedd yn medru'r iaith, i lenwi rhai swyddi. Wrth ddadansoddi'r sefyllfa ymhellach, roedd angen rhyw fath o 'beiriant'

Cymreigio er mwyn sicrhau y byddai pawb yn cael y cyfle i ddysgu'r iaith ac felly na fyddai ymgeisydd yn colli cyfle am y swydd honno ar sail ei ddiffyg gwybodaeth o'r Gymraeg. Hynny yw, byddai'r di-Gymraeg yn cael cyfle i ddysgu'r iaith wedi iddyn nhw gael eu penodi.

O ddod â'r ddau angen at ei gilydd, creu gwaith a 'pheiriant Cymreigio,' roedd y Nant yn cynnig ateb!

Yn anffodus, bu'r blynyddoedd wedyn yn boenus a diffrwyth. Aeth y stori ar led bod y Nant ar werth ac o ganlyniad ymddangosodd erthyglau a hanes y lle mewn papurau megis y *Guardian* a'r *Sunday Times*. Arweiniodd hyn at lawer iawn mwy o ddiddordeb yn y cwm ac, wrth gwrs, llawer mwy o gystadleuaeth i ni. Agorodd *Amalgamated Roadstone* y drysau i'r farchnad agored ac o ganlyniad dangosodd dros 100 o wahanol gwmnïau, ymddiriedolaethau ac unigolion ddiddordeb yn y lle. Pan ddeallodd y gymuned leol pwy oedd â diddordeb fe gawson nhw eu dychryn. Sut y bydden nhw'n ymdopi â chanolfan ar gyfer pobl gaeth i gyffuriau neu ganolfan ar gyfer adfer troseddwyr ifainc? Beth am y syniad o wersyll gwyliau neu bwriad BP i 'guddio' tanciau storio olew y môr Celtaidd yno?

Pan oedd pethe'n ymddangos fel petaen nhw'n symud o blaid Ymddiriedolaeth Nant Gwrtheyrn, cafodd y sefyllfa ei chymlethu wrth i gwmni *Amalgamated Roadstone* ddod yn eiddo i *Consolidated Goldfields* a bu'n rhaid ailagor trafodaethau gyda ARC fel yr is-gwmni perthnasol.

Cafodd egin ymddiriedolaeth ei ffurfio yn y cyfnod hwnnw er mwyn rhoi dilysrwydd i'r ymgyrch ond bu'n waith caled ceisio darbwyllo ARC y dylien nhw werthu'r pentre i'r Ymddiriedolaeth gan nad oedd hygrededd ariannol gan yr Ymddiriedolaeth honno! Wedi'r cyfan, nid oedd modd inni gystadlu hefo rhai o'r sefydliadau mawrion yn ariannol, o safbwynt y pryniant na chwaith wrth ystyried sut i ariannu'r hyn a wnaem â'r lle wedi ei brynu.

Sut oedd ennill y frwydr?

Doedd dim amdani ond ysgrifennu at gymaint o bobl ag oedd yn bosib a chael addewidion am nawdd pe bai'r lle yn dod yn eiddo inni. Diolch byth, ymatebodd y genedl yn hael. Ar yr un pryd, bu ymgyrch gyhoeddusrwydd gref: lobio, denu cefnogaeth gan y cynghorau lleol, deisebu, llythyrau yn y wasg ac ati er mwyn sicrhau nad oedd modd i'r perchnogion ein hanwybyddu. Wedi'r cwbl roedd y cwmni, drwy ei chwareli, yn treulio cymaint o amser yn newid tirlun ac amgylchedd ein gwlad ac felly roedd angen cyfeillion arnyn nhw hefyd. Ymddiriedolaeth Nant Gwrtheyrn oedd yr unig achos oedd â chysylltiad â Chymru ymysg y cant a rhagor o sefydliadau a ddangosodd ddiddordeb yn y lle. Felly dyma ffordd ddelfrydol iddyn nhw gael sylw ffafriol yng Nghymru.

Llwyddodd y strategaeth i'r dim ac yng Ngorffennaf 1978,

Dyfrig Davies a Dylan Morgan, tiwtoriaid cynnar

trosglwyddwyd eiddo Porth y Nant i Ymddiriedolaeth Nant Gwrtheyrn am y swm o £25,000. Roedd ARC o'n plaid yn gyfan gwbl erbyn hynny a chawsom rodd hael o £5,000 tuag at y gwaith o adnewyddu'r lle. Roedd y pentre cyfan, gan gynnwys 26 o dai, Y Plas, Capel Seilo, murddun (sef Caffi Meinir bellach) a thua 8 acer o dir i lawr at y llanw uchel yn eiddo i'r Ymddiriedolaeth. Rai blynyddoedd wedyn, ychwanegwyd

Tiwtoriaid – Adrian Price a Meic Raymant, 1990

at y stad wrth i'r Ymddiriedolaeth brynu Tŷ Canol, Tŷ Hen a hefyd 70 acer o goed yn y cwm.

Mae'r gefnogaeth a gafwyd i wireddu'r freuddwyd yn dyst i weledigaeth y Cymry. Mae'r gefnogaeth wedi bod yn eang ei natur wrth i'r sectorau cyhoeddus, preifat a'r gwirfoddol gyfrannu yn eu gwahanol ffyrdd at lwyddiant yr achos. Eto, rhaid cofio gymaint oedd y dasg a wynebai'r Ymddiriedolaeth ar y cychwyn.

Roedd y tai wedi dirywio'n enbyd erbyn dechrau'r 1970au. Roedd cyfuniad o ddwyn, y tywydd a'r ffaith bod cymuned o hipis wedi meddiannu'r lle – y *New Atlantis Commune* – wedi gadael eu hôl. Bu'r ffaith i John Lennon brynu ynys yn Clew Bay yng ngorllewin Iwerddon ar gyfer y *Commune* yn gymorth ar y pryd. Er hynny, sgerbwd o bentre a brynwyd, dim ffenestri na lloriau a phrin oedd y toeau. Roedd yr unig fynediad i'r cwm yn serth (un mewn tri) ac wyneb y gamffordd yn hollol anaddas ar gyfer cerbydau cyffredin. Roedd y cyfleusterau yn perthyn i'r oes o'r blaen gan nad oedd yno drydan, cyflenwad dŵr na system garthffosiaeth chwaith.

Sefydlwyd apêl lwyddiannus ar y cychwyn o dan gadeiryddiaeth yr Arglwydd Davies, Llandinam. Yn ymarferol, defnyddiwyd cynllun MSC (Comisiwn Gwasanaethau'r Llafurlu) i noddi rhai o'r gwelliannau cynta, a chyda chymorth gwirfoddol, llwyddwyd i agor Dwyfor ar gyfer cwrs iaith cynta'r Nant ym 1982; a hwnnw'n brin ei gyfleusterau, a chyda chynhyrchydd trydan swnllyd ac arogl disl yn drwm yn y cefn! Er mai

Ymgyrch Y Faner – yn cyflwyno siec Emyr Price

Sefydlu 'Cefnogwyr y Nant', 5 Mai 1986, gyda Dafydd Wigley, Moi Parri a
Nia Royles yn sefyll tu allan i dai Trem y Mynydd

prin oedd yr adnoddau, a'r tiwtoriad yn gweithio'n wirfoddol, eto i gyd, roedd awyrgylch arbennig ar y cyrsiau hyn. Yn bwysicach na dim roedden nhw'n llwyddiannus ac o dipyn i beth, enillodd y Ganolfan hygrededd fel Canolfan Iaith. O'r diwedd roedd y 'peiriant' yn dechrau symud yn y 'gêr cyntaf'.

Yn y blynyddoedd wedyn, cafodd tiwtoriaid rhan–amser ac achlysurol eu cyflogi a chymerodd hi bum mlynedd arall cyn roedd y Nant mewn sefyllfa i gyflogi tiwtor llawn-amser. Yn 1987, penodwyd Meic Raymant yn Brif Diwtor. Roedd ef ei hun yn ddysgwr ac yn dod o dde Sir Benfro. Gyda'i brofiad a'i ymroddiad ef, roedd modd datblygu'r cyrsiau a chreu adnoddau pwrpasol. O ganlyniad llwyddodd y Nant i ddenu dysgwyr o bell ac agos. Bu Meic yn Brif Diwtor yn y Nant am dair blynedd ar ddeg a datblygodd natur y cyrsiau ac ystod y dysgwyr yn sylweddol yn ystod y cyfnod hwnnw, gan ennill clod i'r ganolfan o bob man. Roedd y Nant wedi cyrraedd 'yr ail gêr'.

Pan ddaw ymwelydd o gwmpas y Nant heddiw, mi wêl amrywiaeth o enwau ar y tai. Mae pob un ohonyn nhw yn cynrychioli natur y noddwr; yn gynghorau lleol, cyrff cyhoeddus neu achosion lled gyhoeddus ac wrth gwrs, y sector wirfoddol a grwpiau o ddysgwyr. Profodd yr ymdrechion i hel arian gan wahanol wirfoddolwyr yn ysbrydoliaeth ynddynt eu hunain: pethau mor amrywiol â hel weiren gopr 'Manweb' ar lethrau'r Wyddfa, ras noddedig o gwmpas Llyn Tegid, cerdded Pont Britannia wrth iddi hi cael ei hagor, cyfraniadau i'r rhaglen radio *Catchphrase* gan ddysgwyr ac yn y blaen. Roedd arian y noddwyr hyn yn cael ei ddyblu gan y nawdd a gafwyd gan yr MSC. O gam i gam, daeth gwelliannau yn rhes Trem y Mynydd ac wedyn Trem y Môr.

Er hynny, doedd pethau ddim yn rhedeg yn llyfn bob amser. Roedd Cyngor Dwyfor, oherwydd peryglon y lle, ar fin rhoi gorchymyn i ddymchwel y Plas; ond cafwyd y nawdd angenrheidiol i sicrhau'r gwelliannau ar y funud ola. Er hynny, cafodd y gwaith adnewyddu ei atal wedi i'r gweithwyr ddod o hyd i frain coesgoch yn nythu'n y to! Gan fod arian y Swyddfa Gymreig yn rhannol noddi'r datblygiad, roedd yn rhaid cael eu cydweithrediad i drosglwyddo eu nawdd i'r flwyddyn ariannol ganlynol, peth anarferol iawn, ond mi lwyddwyd! Agorwyd y Plas yn swyddogol drwy gynnal cynhadledd ar yr Ieithoedd Ewropeaidd Llai eu Defnydd. Bellach, yn ogystal â bod ynddo lyfrgell fechan, cewch gyfle i ymlacio yn lolfa'r Plas a chyfle i fanteisio ar y cyfleusterau dysgu yn ystafelloedd y llofft.

Canolbwynt y pentre heddiw, efallai, yw'r lle bwyta, sydd bellach wedi cael trwydded diodydd ar gyfer prydau. Ond, nid felly oedd yr hen Gaffi Meinir. Datblygu o gam i gam wnaeth y caffi. Y cam cynta oedd codi'r waliau a oedd yn adfeilion, ac yna gosod to sinc ar yr hen furddun. Datblygiad pellach, ym mhen rhai blynyddoedd, fu adnewyddu'r hen do sinc ac roedd ymdrechion y llu awyr yn allweddol gan y bu'n rhaid i ni ddefnyddio hofrennydd o'r Fali ar Ynys Môn i gario'r trawstiau i mewn. Bellach, mae lle i ryw 60 eistedd i fwyta yno, ac mae'r lle ar agor i ymwelwyr yn ogystal ag i breswylwyr y Nant.

Roedd yn rhaid creu ffordd newydd i lawr i Borth y Nant. Ffordd gyhoeddus oedd y ffordd pan gafodd y pentre ei brynu gan yr Ymddiriedolaeth. Ond, doedd fiw i ni ofyn i'r Cyngor Sir uwchraddio'r lôn. Yn wir, un o'r amodau wrth gael caniatâd cynllunio i ddatblygu'r Nant oedd na fyddai traul ar goffrau'r sir. Bu bargeinio caled felly pan ofynnodd y Cyngor am ein cydweithrediad i gau'r lôn fel un gyhoeddus a throsglwyddo'r cyfrifoldeb i'r Ymddiriedolaeth. O ganlyniad, cawson ni rodd ganddyn nhw tuag at greu'r ffordd newydd. Roedd cyfeiriad unrhyw ffordd newydd yn ymddangos yn amhosib ar y pryd. Eto, gyda chymorth y Comisiwn Coedwigaeth, a gynlluniodd y ffordd a gwaith dyfal *Jones Bros* Rhuthun, llwyddwyd i gael y maen i'r wal. Roedd y ffordd newydd yn gampwaith ac yn gymorth mawr i ddatblygu'r cwm gan roi hygrededd o'r newydd i'n cynlluniau.

Erbyn tua 1990, roedd y gwelliannau sylfaenol wedi eu gwneud i'r tai, gyda'r cyfan ohonynt yn ddiddos a chyfforddus. Roedd y 'gwasanaethau' yn eu lle ac roedd corlan chwarae i'r plant lleia y tu ôl i res Trem y Môr. Bellach, doedd dim lloches yn y capel i'r defaid chwaith gan i ni ei adnewyddu ac roedd y Gymanfa Ganu flynyddol wedi ei hail sefydlu yno. Roedden ni wedi cyrraedd diwedd y wedd gyntaf!

*Agor Tŷ Ynys Môn gyda'r Cynghorydd John Meirion Davies
a'r Prif Weithredwr Leon Gibson.*

5. NODWEDDION AMGYLCHEDDOL Y NANT

Nid yw'r gair 'cyfoeth' na 'toreithiog' yn gwneud cyfiawnder â'r hyn sydd i'w gael yn y Nant. Rydych wedi cael blas eisoes ar hanes y cwm a'i chwedlau ond mae'r amgylchedd naturiol yn cynnig cymaint i'r ymwelydd yn ogystal. Mae'r ardal wedi ei dynodi yn Ardal o Harddwch Naturiol Eithriadol ac yn rhan o Ardal Amgylchedd Sensitif Llŷn. Ceir tri Safle o Ddiddordeb Gwyddonol Arbennig (SSSIs) yn y cyffiniau:

Gallt y Bwlch

Saif y safle hwn hanner ffordd rhwng Porth y Nant a Charreg y Llam, yn ymestyn o lan y môr hyd at 170 metr o uchder. Yr hyn sydd o ddiddordeb arbennig yw'r coed derw ar y safle. Dydyn nhw ddim yn tyfu'n uwch na dwy neu dair metr oherwydd effaith y gwynt a heli'r môr. Yn yr un modd, mae'r coed cyll a llwyni eraill ar y safle wedi eu heffeithio. Coedwig hollol naturiol yw'r goedwig hon, coedwig nad ydy dyn wedi ymyrryd â hi ers amser maith.

Mae'r ardal hon wedi ei chymeradwyo hefyd gan y Comisiwn Ewropeaidd fel Ardal Cadwraeth Arbennig gan ei bod yn un o'r enghreifftiau gorau yng ngwledydd Prydain o glogwyni môr â thyfiant arnynt.

Carreg y Llam

Mae safle Carreg y Llam yn un arbennig ar gyfer adar y môr. Dyma un o safleoedd nythu pwysica gogledd Cymru. Ei brif nodwedd yw'r clogwyni sy'n codi tua 100 metr. Ar y mannau mwya serth ar y clogwyni hyn, mae mwy o nythod gwylogod – rhyw 2,000 ohonyn nhw – nag sydd yn unrhyw le arall yn y Gogledd, a 500 o nythod gwylanod coesddu. Mae yma hefyd nythod y carfil, gwalch y penwaig, gwylan y graig, mulfran werdd, bilidowcar a gwylan y penwaig mewn niferoedd llai. Ar hyd yr arfordir, mae'r frân goesgoch i'w gweld a'i chlywed a hefyd y cudyll coch, y bwncath a'r hebog tramor. Mi welwch forloi yn nofio'n y bae o dan y Nant ac felly, hefyd y dolffin trwynbwl. Braint yw eu cael yn y bae gan mai dim ond mewn un lle arall yn Ynysoedd Prydain y maen nhw i'w gweld.

Yr Eifl

Caiff yr Eifl ei ystyried fel safle allweddol oherwydd hynodrwydd y planhigion a'r adar. Mae rhostir o bwys yno. Oherwydd agosrwydd yr Eifl at y môr, mae rhostir yr iseldir ar lan y môr yn terfynu gyda'r rhostir mynyddig sy'n ymestyn hyd at 500 metr uwchlaw'r arfordir. Ar y llechweddau uwch mae rhwydwaith eang o sgri bloc, rhai yn anferthol, tra bod y llechweddau a wyneba'r môr, sydd dros 300 metr o uchder, yn llethrau serth iawn.

Yma, mae'n bosib gweld nifer o blanhigion cefnforol gan gynnwys y dduegredynen hirgul (*Asplenium billotii*). Yr adar o bwys yma yw'r brain coesgoch sy'n nythu ar wyneb y graig naturiol ac artiffisial, ac yn bwydo ar y rhostir. Mae gyrr o eifr gwyllt yma hefyd – anifail sydd wedi bod yma o bosib ers yr oesoedd canol. Roedden nhw ar un adeg yn cynnig cig a hefyd grwyn i'r trigolion. Ar ben yr Eifl, sy'n dipyn o her i unrhyw gerddwr, mae carnedd sydd wedi ei nodi fel 'heneb gofrestredig' - un o amryw sydd i'w gweld yn yr ardal ac fel y soniwyd eisoes, mae Tre'r Ceiri, y gaer odidog o'r Oes Haearn, yn teyrnasu ar gopa pig pella'r Eifl oddi wrth y môr.

Yn y 1960au, plannodd y Comisiwn Coedwigaeth tua saith deg erw o dir yng nghwm Nant Gwrtheyrn, sydd bellach yn eiddo i'r Ymddiriedolaeth, gyda phinwydd polion ar y llethrau ucha a sbriws Sitca ar y llethrau ar lawr y dyffryn. Mae hyn wedi tagu llawer o'r coed cynhenid yn ogystal â'r tyfiant o dan y coed. Er hynny, mewn rhai mannau – ac yn arbennig ar hyd yr afon – ceir enghreifftiau o goed ynn a chyll ac, yn y llefydd mwya gwlyb, coed gwern a helyg.

Wrth gerdded y cwm, gwelir amrywiaeth o flodau cynhenid gydag amryw ohonyn nhw wedi eu defnyddio gan y trigolion at wahanol ddibenion pan oedd y pentref yn ei fri. Mae'r wermod wen, sydd i'w gweld dros y ffordd i'r capel, er enghraifft, at y crydcymalau neu'r migrin; llygad Ebrill a bysedd y cŵn, tarddiad *digitalis* ar gyfer trin afiechydon y galon; a'r criafol, sydd hefyd ar gael yn y cwm, yn amddiffynfa rhag gwrachod. Yma hefyd, byddai'r eithin Ffrengig yn cael eu defnyddio i fwydo'r gwartheg. Ar y ffordd i'r traeth, mae ysgall bach, rhedyn persli (*arctic alpine*), botwm crys, suran y coed, llaethlys, tresgl y moch a rhedyn gwallt y forwyn i'w gweld.

Wedi cyrraedd glan y môr, mae'r amrywiaeth o gerrig yn drawiadol, gyda'r rhan fwya wedi dod yno fel cerrig rhewlif o bell ac agos – basalt a'r fflint o Ogledd Iwerddon. Yn nes at adref, mae cerrig gwyrdd Cyn-Gambriaidd yn dod o ardal Caergybi a'r cwarts, silica, siasbis (*jasper*) a'r *schist mica* yn dod o ardaloedd mwy lleol. Yn gymysg â'r cwbl, mae darnau di-ri o wenithfaen yn llawn smotiau neu 'grawn' amrywiol eu maint.

Mae'r cwm yn cynnig lloches i sawl anifail o bwys. Yn ogystal â'r geifr, fe wyddon ni fod moch daear, y ffwlbart, y wenci a'r carlwm yn amlwg yma. Hefyd mae adroddiadau bod dyfrgwn ac o bosib, y bele coed i'w gweld yn y cyffiniau.

Mae'r tylluanod, y frech a'r wen, yn ychwanegiadau gwerthfawr bellach at amgylchedd y Nant; felly hefyd yr ystlumod sy'n manteisio ar yr adfeilion er mwyn cael lle i fyw.

Bellach hefyd mae'r amgylchfyd a grëwyd gan ddyn wedi ei

gydnabod. Ym 1999, cafodd yr adeiladau ym Mhorth y Nant eu cofrestru gan CADW (Gradd II) fel 'Adeiladau o Ddiddordeb Pensaernïol neu Hanesyddol Arbennig'. Prif nodwedd Trem y Môr a Threm y Mynydd yw'r lloches a roddodd y tai i'r gweithwyr. Roedd y tai hyn yn flaengar yn eu cyfnod o'u cymharu â bythynnod arferol yr ardal gan iddyn nhw sicrhau, wrth eu hadeiladu, bod digon o olau a bod y nenfydau'n uchel er mwyn cael digon o awyr iach. Gan fod y diciau yn rhemp ym Mro'r Eifl yn y cyfnod pan adeiladwyd y tai, rhoddodd y datblygiad ystyriaeth i fuddiannau iechyd y gweithwyr.

Dynodwyd y Plas, ynghyd â'r ardd a'r rhodfa sy'n arwain ato, yn adnawdd o bwys hanesyddol. Mae'n enghraifft nodweddiadol o dŷ i'r breintiedig yn y cyfnod ond caiff ei gydnabod hefyd fel rhan gwbl allweddol mewn anheddiad diwydiannol cyflawn. Mae Capel Seilo 1878, 'capel syml wedi ei osod ar blatfform a grëwyd ar ochr y mynydd', hefyd wedi ei restru, yn yr un modd, fel rhan hanfodol o gynllun blaengar i wella'r ddarpariaeth ar gyfer y gweithwyr.

Gafr wyllt yn sleifio o'r pentref

6. YR AMGYLCHEDD EHANGACH A'R IAITH GYMRAEG

Mae pobl o bell ac agos sydd â diddordeb yn yr iaith Gymraeg yn cael eu denu i Nant Gwrtheyrn. Fe gynrychiola'r Nant rywbeth nad yw ar gael yn aml yn y Gymru gyfoes sef yr ymrwymiad i greu amgylchedd cwbl gefnogol a chynhaliol ar gyfer y Gymraeg. Mae'r ymwelydd sydd â diddordeb yn yr iaith felly yn teimlo'n gwbl gyfforddus gan ei fod yn gwybod na fydd yn wynebu unrhyw ragfarn na bygythiad oherwydd ei ddaliadau a'i deimladau.

Yn ogystal, mae'r Nant mewn lleoliad tra breintiedig o safbwynt yr iaith. Yn y cymunedau o gwmpas yr Eifl, mae'r Gymraeg yn dal i ffynnu ac yn brif iaith sydd i'w chlywed ar y stryd bob dydd. Ychwanegwch amgylchedd heb ei ail ac mae'n hawdd gweld sut mae'r rhai hynny sy'n uniaethu â'r wir Gymru yn cael eu denu yno dro ar ôl tro.

Tueddiadau y Gymraeg ym mro'r Eifl★

Nifer y siaradwyr ynghyd â'r canrannau (%); 1971 a 2001

1971	1380	90.1%
2001	1204	77.0%

★Pistyll, Llithfaen, Llanaelhaearn a Threfor
Ffynhonell: Cyfrifiad 1971 a 2001

Ond a ydyw'n Afallon yno? Beth yw gwir sefyllfa'r iaith a'r cymunedau yn y fro? Soniwyd eisoes bod y boblogaeth wedi lleihau yng nghanol y ganrif ddiwetha. Cafodd hynny gryn effaith ar y niferoedd oedd yn siarad Cymraeg yn y cylch er i'r canrannau barhau'n uchel hyd ddiwedd y ganrif. Felly, er gwaetha'r canrannau cymharol uchel, gwelwyd dirywiad dros y 30 mlynedd diwetha – yn bennaf oherwydd bod pobl ddi-Gymraeg yn symud i mewn i'r ardal. Nid oes y fath beth â pherson cynhenid di-Gymraeg yn y fro.

Mae'r her o gymhathu'r mewnlifiad i'r gymdeithas yn un real iawn felly, ond pa ardal arall yng Nghymru a wnaeth fwy o ymdrech i wynebu'r her na'r ardal hon?

Soniwyd eisoes am y mudiad cydweithredol Antur Aelhaearn yn Llanaelhaearn. Ymhell cyn bod sôn am Awdurdod Datblygu Cymru nac adrannau datblygu economaidd, adeiladodd y pentrefwyr yno eu gweithdy eu hunain sydd, gyda chydweithrediad y Cyngor Sir, yn hyfforddi tua 40 o bobl ifainc mewn sgiliau cefn gwlad. Mae Canolfan yr Antur hefyd yn gartre i ddosbarthiadau nos ar gyfer astudio sgiliau cyfrifiadurol a dysgu Cymraeg i fewnfudwyr ac mae'r Eisteddfod Gadeiriol a gafodd ei sefydlu gan yr Antur yn ôl yn 1975 yn dal i ffynnu.

Yn Llithfaen, mae enghreifftiau cydweithredol nodedig eraill. Caëwyd unig dafarn y pentre yn yr 1980au a chan fod yr ysgol wedi ei chau eisoes roedd y pentre mewn perygl gwirioneddol o golli man cyfarfod a chanolbwynt cymdeithasol arall. Bu'r dafarn yn wag am dros flwyddyn. Doedd neb â diddordeb yn ei phrynu. Yn dilyn cryn drafod, daeth y pentrefwyr at ei gilydd a ffurfio cwmni cydweithredol gan sicrhau arian yn lleol a thu hwnt i'w brynu. Mae'r dafarn yn nodedig am ei bod yn cynnal nosweithiau o adloniant Cymraeg yn rheolaidd. Bydd y bobl sy'n aros yn y Nant wrth fynd yno yn cael cyfle i gymdeithasu â phobl leol – elfen sydd i'w groesawu ac sydd angen ei ddatblygu ymhellach. Ym 2004, cafodd 'Y Fic' fuddsoddiad sylweddol o gyfalaf er mwyn gwella'r cyfleusterau a'r ddarpariaeth.

Yr un oedd hanes unig siop y pentre. Yn dilyn sawl cynnig gan unigolion i'w rhedeg yn yr 1980au, nid oedd yr un yn llwyddiannus iawn a bu'r lle ar werth am gyfnod maith ar ddechrau'r 1990au. Unwaith yn rhagor, cafodd cwmni cydweithredol ei sefydlu er mwyn ei phrynu ac mae'r siop heddiw yn cynnig gwasanaeth hynod bwysig i'r gymuned.

Mae'r enghreifftiau uchod, fel Nant Gwrtheyrn ei hun, yn dilyn traddodiad anrhydeddus o gydweithredu yn yr ardal. Yn Nhrefor, mae traddodiad hir o gynnal siop gydweithredol y *Co-op* a chafodd cwmni bysiau y Moto Coch ei sefydlu ar yr un egwyddor. Yno hefyd mae'r un brwdfrydedd i hyrwyddo'r gymuned leol sy'n brwydro i gadw ei hunaniaeth Gymraeg. Does dim gwell enghraifft na'r Seindorf Arian lleol a wnaiff gymaint i ddatblygu doniau cerddorol pobl ifainc yr ardal.

Tafarn 'Y Fic'

Mae traddodiad diwylliannol yr ardal yn ffynnu mewn meysydd eraill hefyd. Mae Côr Gwrtheyrn, Hogia'r Mynydd a Chwmni Drama enwog Llwyndyrus yn ogystal â chynnal nosweithiau yn y fro hefyd yn cyfrannu'n sylweddol tuag at gynnal bywyd cymdeithasol y pentrefi.

Sefyllfa'r Gymraeg yn Genedlaethol

Yr hyn y bydd ymwelwyr y tu hwnt i Gymru yn holi amdano yw cyflwr yr iaith Gymraeg heddiw. Mae'n rhaid bod yn ofalus sut i'w hateb. Heb os, mae trwch poblogaeth pobl Cymru wedi dangos dro ar ôl tro eu bod o blaid y Gymraeg. Mewn arolwg gan Fwrdd yr Iaith Gymraeg a gyhoeddwyd yn Chwefror 2002, roedd 66% o'r boblogaeth yn dweud bod dyfodol yr iaith yn bwysig iawn gyda dim ond 11% yn dweud nad oedd yr iaith yn bwysig o gwbl. Mae'r ewyllys da hwn tuag at yr iaith yn allweddol er mwyn sicrhau ei ffyniant yn y dyfodol.

Yn dilyn lleihad ar hyd y ganrif ddiwetha dangosodd Cyfrifiad 2001 fod cynnydd yn y niferoedd sy'n siarad y Gymraeg trwy Gymru. Bellach, mae 20.2% o'r boblogaeth yn siarad Cymraeg, er, yn ôl rhai arolygon llai ffurfiol, mae'r ganran yn sylweddol uwch – hyd at 30%. Mae'r gwahaniaeth yn adlewyrchu diffyg hyder rhai Cymry wrth ymateb i natur ffurfiol y Cyfrifiad.

Poblogaeth Cymru, nifer a chanran y siaradwyr Cymraeg: 1971 a 2001

1971: Poblogaeth Cymru	Siaradwyr Cymraeg	%
2,602,955	541,415	20.8
2001: Poblogaeth Cymru	**Siaradwyr Cymraeg**	**%**
2,903,085	586,423	20.2

Ffynhonnell: Cyfrifiad 1971 a 2001

Mae'r iaith yn orfodol hyd at 16 oed yn holl ysgolion y wladwriaeth yng Nghymru bellach. Yn ôl gwaith ymchwil a wnaed gan Fwrdd yr Iaith Gymraeg yn 2002, roedd mwyafrif y boblogaeth yn cefnogi hyn ac yn yr un arolwg roedd 78% o'r boblogaeth yn credu mai'r sustem addysg fyddai'n 'achub yr iaith'.

Mae'n rhaid gosod yr her o hyrwyddo'r iaith Gymraeg yn ei chyd-destun.

Mae o leia 3,000 o ieithoedd yn y byd heddiw.

Eisoes fe ddiflannodd o leiaf 4,000 arall.

Dydy dyfodol unrhyw iaith felly ddim yn sicr.

Bellach, mae cynlluniau strategol y Fforwm Iaith Genedlaethol, Bwrdd yr Iaith a'r Cynulliad Cenedlaethol wedi eu paratoi. Gallwn, felly, fod yn fwy hyderus am ddyfodol y Gymraeg heddiw nag y byddem ryw 40 mlynedd yn ôl.

Mae'r cefndir isod yn bwysig o ystyried dyfodol y Gymraeg:

- caiff y 14 iaith gryfa eu siarad gan 60% o boblogaeth y byd
- 1 miliwn o bobl sy'n siarad y 500 o ieithoedd 'llai' yn y byd
- yn Ebrill 2004 roedd 31 o grwpiau ieithyddol 'llai' o fewn yr Undeb Ewropeaidd gyda 40 miliwn o bobl yn eu siarad
- ym Mai 2004, wrth ychwanegu 10 aelod arall at yr Undeb Ewropeaidd, cafwyd cynnydd sylweddol yn niferoedd yr ieithoedd 'llai'
- bydd pob un o'r ieithoedd hyn yn wynebu problemau a her nid annhebyg i'r Gymraeg
- mae lle i gredu bod yr iaith Gymraeg ymysg yr 100 ucha yn y byd o ran ei hyfywedd.

Mor bwysig felly yw rhannu profiadau ymysg yr ieithoedd 'llai' er mwyn dysgu am arferion da. Yn gyson, bydd cynrychiolwyr yr ieithoedd 'llai' eraill, yn arbennig y rhai Celtaidd, yn dod atom ac yn cyfnewid syniadau. Fel y bydd y Ganolfan yn tyfu, gobeithiwn hefyd y bydd y cyfnewid profiadau a syniadau yn datblygu ac o ganlyniad, y bydd mwy o hyder yn rhinweddau'r ieithoedd hyn.

Nant Gwrtheyrn

Ein geiriau sy'n blaguro – yn yr hollt,
  Wedi'r hir edwino
 Yno'n y gwyll, a hen go'
 Y genedl yn egino.

O'r diffwys oer a diffaith – y gwanwyn
  A egina obaith;
 Drwy ing a rhwd dringa'r iaith
 I'r haul a'i sblander eilwaith.

R.J. ROWLANDS

7. Nant Gwrtheyrn Heddiw

Roedd y 1990au yn gyfnod o sefydlogi, gwneud mân welliannau i'r tai ac arbrofi gyda'r farchnad. Bellach, mae tua 25,000 o bobl wedi cael y cyfle i flasu'r iaith Gymraeg yn y Nant. O ran eu cefndir maen nhw'n amrywiol iawn: enillydd Gwobr Heddwch Nobel; Archesgob ac Esgobion; Arglwyddi; Aelodau ein Cynulliad Cenedlaethol; Aelodau Seneddol yn San Steffan; actorion; artistiaid; grwpiau roc; penaethiaid corfforaethau a'r gwasanaeth sifil; ac, yn bwysicach na dim efallai, Cymry sy'n ymroddedig i'w hiaith ac yn benderfynol o'i meistroli. Daeth unigolion i'r Nant yn hollol ddi-Gymraeg a mynd oddi yno'n rhugl. Ar yr un pryd, daeth llawer o

Y Plas ddoe

unigolion o bob cwr o'r byd ac o bob cyfandir yno i wella eu sgiliau ieithyddol ac fe lwyddon nhw i wneud hynny.

O ganlyniad i gyrsiau iaith y Nant, mae llawer o ddysgwyr wedi defnyddio'r Gymraeg yn eu gwaith bob dydd. Enillodd rhai ddigon o hyder i ddefnyddio'r Gymraeg yn hyderus ar y cyfryngau ac i arwain eu sefydliadau, gan ddefnyddio'r Gymraeg yn gyson a sicrhau polisïau addas sy'n hyrwyddo defnydd o'r iaith yn fewnol e.e. Heddlu Gogledd Cymru a Chyngor Cefn Gwlad Cymru.

Yn y 1990au, cafwyd dau gam pwysig a wnaeth y Cymry yn fwy hyderus – Deddf yr Iaith Gymraeg ym 1993 a sefydlu'r Cynulliad Cenedlaethol ym 1997. O ganlyniad, gwelwyd diddordeb cynyddol yn yr iaith a chan mai hon yw'r unig ganolfan breswyl o'i bath sy'n agored trwy gydol y flwyddyn, roedd yn ofynnol i'r Ganolfan ymateb yn y ffordd fwya priodol i'r her newydd.

Roedd agor Canolfan Dreftadaeth ar seiliau Capel Seilo ym mis Mai 2003 yn gam i ddiwallu gofynion y cyhoedd. Mae hon yn cynnig gwybodaeth ar gyfer ymwelwyr a'r sawl sy'n aros yn y Nant. Ynddi mae hanes y cwm, y gwaith, chwedlau'r ardal a hanes yr iaith Gymraeg ar gyfuniad o sgriniau cyffwrdd cyfrifiadurol a byrddau arddangos, gyda swyddog yn y fan a'r lle i gynnig gwybodaeth bellach. Mae'r Ganolfan yn fodd o addysgu pobl am ein hetifeddiaeth ac yn arf gwerthfawr o ran marchnata'r hyn sydd gan yr ardal, ac yn arbennig y Nant, i'w gynnig ar ei chyrsiau amrywiol. I'r un perwyl, cafodd rhwydwaith i farchnata'r penrhyn yn fwy effeithiol ei greu a thyfodd perthynas iach rhwng y Ganolfan Iaith ag Ymddiriedolaeth Enlli, Canolfan Ysgrifennu Tŷ Newydd, Oriel Glyn y Weddw, Plas yn Rhiw ac Amgueddfa Lloyd George.

Yn ogystal, mae'r Ganolfan Dreftadaeth ar gael at ddefnydd y Nant fel lle i gymdeithasu, addoli a chynnal cyfarfodydd. Eto, mae'n hyblyg ac, yn ystod yr wythnos pan gafodd y Ganolfan ei hagor gan yr actor Rhys Ifans, cynhaliwyd Gŵyl Gwrtheyrn gyda chyfres o ddigwyddiadau

Y Plas heddiw

*Pobl ifanc yn mwynhau
ar un o gyrsiau'r Nant*

57

amrywiol iawn: Talwrn y Beirdd, cyngerdd gan ddoniau lleol, gwasanaeth crefyddol, noson gyda Dafydd Iwan, a hyd yn oed noson gan y Super Furry Animals.

Mae defnydd y Nant ar gyfer cynadleddau a phriodasau ar gynnydd ac mae'r potensial ar gyfer sesiynau dwys i gwmnïau neu gyrff cyhoeddus gael datblygu eu syniadau yn cael ei wireddu fwyfwy. Lle gwell ar gyfer encil neu ysbrydoliaeth ar gyfer arlunydd neu fardd? Datblygwyd hefyd yr ystod o gyrsiau i gynnwys rhai ar amgylchedd, hanes a diwylliant yr ardal ac mae rhain yn cynnig modd i bobl nad ydynt am ddysgu iaith fel y cyfryw gael blas ar eu treftadaeth a thrwy hynny, wybod am yr iaith Gymraeg, ei chefndir a'i rhinweddau.

Ond, mae newidiadau ar y gorwel. Mae datblygiad technoleg yn rhoi cyfleon arbennig i'r Ganolfan gyrraedd marchnadoedd newydd trwy'r byd o ran y sawl sydd â diddordeb mewn dysgu Cymraeg. Ar yr un pryd, gan fod ugain mlynedd wedi mynd heibio ers i'r gwelliannau gwreiddiol gael eu gwneud, mae angen uwchraddio ac adnewyddu'r cyfleusterau sydd ar gael yn y tai. Y gamp wrth gwrs yw sicrhau nad ydy ethos a chymeriad y pentre'n cael ei golli wrth gwblhau'r datblygiadau hyn a bod unrhyw ddatblygiad yn gynaladwy.

Mae pawb bellach yn gweld gwerth mewn lle a oedd, yn ôl yn y 1970au, yn cael ei ystyried fel lle diarffordd a chwbl amhosib ei ddatblygu. Mae rhinweddau'r llecyn hwn wedi goroesi ac mae'r rhwystrau wedi eu trechu er mwyn sicrhau ei fod yn dal i fedru cynnig ysbrydoliaeth i bawb sydd â diddordeb yng nghenedl y Cymry. Does yna'r un lle gwell yn cynnig ymdrochiad yn yr iaith a nunlle gwell chwaith i ddysgwyr yr iaith ei defnyddio'n anffurfiol gan fod cymaint o adnoddau anffurfiol wrth law.

Mae'r genhadaeth yn parhau felly. Mae'r nodau gwreiddiol o greu cyflogaeth ac o gynnig 'peiriant' i Gymreigio ein gwlad yn dal yn nodau teilwng.

Bellach, gellir ychwanegu un nod arall. Nod cydlynol. Mae dybryd angen am strategaeth genedlaethol glir ar gyfer Cymraeg i Oedolion.

Wedi llunio'r strategaeth honno, bydd angen cydlynu gwahanol agweddau ar y maes – yn eu mysg, datblygu technegau addysgu, hyfforddi tiwtoriaid, paratoi adnoddau ac e-ddysgu. Lle gwell i wneud hynny nag yn y Nant, sydd, ers pum mlynedd ar hugain, ac ynghyd â phartneriaid eraill, wedi bod yng nghalon y gwaith.

Nid da lle gellir gwell! Rydan ni angen cyrraedd y gêr cyflyma. Mae angen rhagor o waith a hwb i economi'r ardal. Yn y flwyddyn 2003 cyfrannodd Nant Gwrtheyrn dros £0.7 miliwn i economi Penrhyn Llŷn. Mae angen pobl ifanc sy'n gweld gwerth yn eu hiaith ac sy'n cael cyfle i aros yn eu broydd; a dyn a ŵyr mae angen mwy o stêm ar y 'peiriant', gymaint yw'r her sy'n wynebu'r fro hon a'n gwlad. Yn anad dim mae angen 'eiconau' cenedlaethol Cymraeg fel y Nant i fagu hyder yn ein pobl. Mae hi'n esiampl berffaith o sut mae troi anobaith yn obaith.

"Lle na bo gweledigaeth, methu a wna'r bobl."

Ymlaen â ni!

Hudoliaeth y Nant

Carreg y Llam

Ni chlywir llongau heno
yn llwytho cerrig llaith,
na chrensian sgidiau hoelion
yn hel tua'r chwarel chwaith,

ond clywir rhwng y rhedyn
rhyw dorf o ben draw'r byd
yn dod drachefn yn dawel
i hel y geiriau 'nghyd.

MEIRION MACINTYRE HUWS

Y Ganolfan Treftadaeth

Y môr a'r mynydd

Nant Gwrtheyrn

Tra bo'r byd yn dod â'i blant
i'r Nant i gasglu trysor,
fesul gair o ddydd i ddydd
mi fydd sawl giât yn agor.

Am restr gyflawn o lyfrau'r
wasg, mynnwch gopi o'n
Catalog newydd, rhad –
neu hwyliwch i mewn
i'n gwefan

www.ylolfa.com

i chwilio ac archebu ar-lein.

ylolfa

TALYBONT CEREDIGION CYMRU SY24 5AP
e-bost ylolfa@ylolfa.com
gwefan www.ylolfa.com
ffôn (01970) 832 304
ffacs 832 782